Las estaciones del año
Delphine Kalinowski
Traducción al español: José María Obregón
AF270040
Rosen
REAL
READERS
en español
Rosen Classroom Books & Materials
New York
1

El año tiene cuatro estaciones.

En la primavera crecen las flores.

En el verano vamos a la playa.

En el otoño caen las hojas de los árboles.

En el invierno hacemos muñecos
de nieve.

Y entonces, vuelve la primavera.

Palabras que debes saber

(las) flores

(las) hojas

(el) muñeco
de nieve

(la) playa